AF277517

ISBN 9788411744348 © Grete Books, 2023

Impresión y editorial: BoD – Books on Demand
info@bod.com.es – www.bod.com.es
Impreso en Alemania – Printed in Germany

¿CUÁNTO SABES DE EUROVISIÓN?

1 EN 2009 GANÓ NORUEGA CON SU REPRESENTANTE ALEXANDER RYBAK, ¿CON QUÉ CANCIÓN?

A – «TOY».

B – «FAIRYTALE».

C – «DON'T FORGET».

2 ¿CUÁL ES EL MÁXIMO NÚMERO DE PARTICIPANTES EN LA FINAL DE EUROVISIÓN?

A – 26.

B – 24.

C – 28.

3 ¿QUÉ CANTANTE REPRESENTÓ A ESPAÑA EN EL AÑO 1977?

A – MICKY.

B – RAPHAEL

C – CAMILO SESTO.

4 ¿Y CON QUÉ CANCIÓN REPRESENTÓ A ESPAÑA?

A - ENSÉÑAME A VOTAR.

B - ENSÉÑAME A CANTAR.

C - ENSÉÑAME A BAILAR.

5 ¿CUÁNTAS VECES HA GANADO PORTUGAL EL FESTIVAL?

A - UNA.

B - NUNCA.

C - DOS.

6 EN EL FESTIVAL DE 1969, CUATRO PAÍSES EMPATARON EN PRIMER LUGAR. COMO NO EXISTÍA UN SISTEMA DE DESEMPATE, LOS CUATRO FUERON DECLARADOS GANADORES. ¿VERDADERO O FALSO?

A - VERDADERO.

B - FALSO.

7 EN 1968, EL CANTANTE BRITÁNICO CLIFF RICHARD REPRE-
SENTÓ A REINO UNIDO CON UNA CANCIÓN QUE AUNQUE
NO GANÓ FUE UN ÉXITO COMERCIAL, ¿CÓMO SE LLAMABA
LA CANCIÓN?

A - FALL IN LOVE WITH YOU.

B - THE YOUNG ONES.

C - CONGRATULATIONS.

8 ¿ALGUNA VEZ HA REPRESENTADO A ESPAÑA EN EURO-
VISIÓN EL CANTANTE PERET?

A - SÍ.

B - NO.

9 ¿QUÉ PAÍS HA RECIBIDO MENOS PUNTOS EN LA HISTO-
RIA DEL FESTIVAL?

A - MARRUECOS.

B - ANDORRA.

C - MÓNACO.

10 ¿EN QUÉ AÑO SERGIO DALMA REPRESENTÓ A ESPAÑA CON LA CANCIÓN "BAILAR PEGADOS"?

A - 1991.

B - 1980.

C - 2001.

11 LOS RESULTADOS COMPLETOS DEL FESTIVAL DE 1956 NUNCA FUERON REVELADOS; SOLO SE SABE EL NOMBRE DEL GANADOR. ¿VERDADERO FALSO?

A - VERDADERO.

B - FALSO.

12 ¿EN QUÉ POSICIÓN QUEDÓ BETH CON LA CANCIÓN «DIME» EN 2003?

A - 12.

B - 8.

C - 22.

13 ¿CÓMO SE LLAMABA EL CERTAMEN ANTIGUAMENTE?

A - PRIX EUROVISION.

B - GRAND PRIX EUROVISION.

C - GRAND EUROVISION FESTIVAL.

14 ¿SE HA ESCUCHADO EL GALLEGO EN ALGÚN FESTIVAL DE EUROVISIÓN?

A - SÍ.

B - NO.

15 ¿CUÁL DE ESTOS PAÍSES LE DIÓ SUS 12 PUNTOS A CHANEL?

A - PORTUGAL.

B - ANDORRA.

C - ITALIA.

16 ¿EN QUÉ POSICIÓN QUEDÓ CHANEL EN EL 2022?

A - SEGUNDA.

B - QUINTA.

C - TERCERA.

17 ¿CON QUÉ CANCIÓN REPRESENTÓ PASTORA SOLER A ESPAÑA EN EL 2012?

A - SIEMPRE CONMIGO.

B - QUÉDATE CONMIGO.

C - VENTE CONMIGO.

18 ¿Y DE QUÉ CIUDAD ES ORIGINARIA PASTORA SOLER?

A - SEVILLA.

B - GRANADA.

C - MÁLAGA.

19 ¿CÓMO SE LLAMA LA CANTANTE SUECA QUE CONSIGUIÓ LA VICTORIA EN 2012 CON LA CANCIÓN "EUPHORIA"?

A - MOREEN.

B - LOREEN.

C - LUREN.

20 EN 2008 RODOLFO CHIKILICUATRE REPRESENTÓ A ESPAÑA ¿CON QUÉ CANCIÓN?

A - BAILA EL CHUKU,CHUKU.

B - BAILA EL TRIKI,CHIKI.

C - BAILA EL CHIKI,CHIKI.

21 LA EDICIÓN DE 2020 FUE CANCELADA DEBIDO A LA PANDEMIA DE COVID-19. ¿VERDADERO O FALSO?

A - VERDADERO.

B - FALSO.

22 ¿QUÉ DÚO ESPAÑOL TUVO QUE INTERRUMPIR SU ACTUACIÓN A LOS SEGUNDOS DE COMENZAR, POR UN ERROR TÉCNICO?

A - NINGUNO.

B - AZÚCAR MORENO.

C - AMAIA Y ALFRED.

23 ¿CUÁL FUE EL IDIOMA QUE MÁS SE ESCUCHÓ EN EL PRIMER FESTIVAL DE EUROVISIÓN?

A - ITALIANO.

B - FRANCÉS.

C - INGLÉS.

24 ¿QUIÉN FUE EL PRIMER REPRESENTANTE ESPAÑOL EN EUROVISIÓN?

A - KARINA.

B - RAPHAEL.

C - CONCHITA BAUTISTA.

25 KAZAJISTÁN DEBUTÓ EN EUROVISIÓN EN EL 2021. ¿VERDADERO O FALSO?

A - VERDADERO.

B - FALSO.

26 ¿DÓNDE SE CELEBRÓ EUROVISIÓN 2021?

A - LA HAYA.

B - ROTTERDAM.

C - AMSTERDAM.

27 ¿QUÉ PAÍS QUEDÓ SEGUNDO EN EUROVISIÓN 2022?

A - REINO UNIDO.

B - UCRANIA.

C - ESPAÑA.

28 EN 2018 BAREI REPRESENTÓ A ESPAÑA Y QUEDÓ EN EL PUESTO 22 ¿CON QUÉ CANCIÓN?

A - SAY YES!

B - YAY SAY!

C - SAY YAY!

29 ¿EN QUÉ POSICIÓN DE EUROVISIÓN JUNIOR 2020 QUEDÓ LA CANTANTE SOLEÁ CON LA CANCIÓN "PALANTE"?

A - PRIMERA.

B - SEGUNDA.

C - TERCERA.

30 ¿ESTÁ EUROVISIÓN BASADO EN EL FESTIVAL DE SAN REMO?

A - SÍ.

B - NO.

31 ¿QUÉ PAÍS HA GANADO MÁS VECES EL FESTIVAL DE EUROVISIÓN? (A 2023)

A - SUECIA.

B - IRLANDA.

C - FRANCIA.

32 ¿CUÁL ES EL NÚMERO MÁXIMO DE PERSONAS QUE SE PERMITEN SOBRE EL ESCENARIO?

A - 9.

B - 7.

C - 6.

33 ¿PARTICIPÓ ALGUNA VEZ EN EUROVISIÓN LA CANTANTE OLIVIA NEWTON JOHN?

A - SÍ.

B - NO.

34 ¿CÓMO SE LLAMABA LA CANCIÓN CON LA QUE CHANEL REPRESENTÓ A ESPAÑA EN 2022?

A - SLOWMOV.

B - SLOMO.

C - LOWMO.

35 ¿QUÉ ORGANIZACIÓN DIRIGE EUROVISIÓN?

A - ORGANIZACIÓN EUROPEA DE TELEVISIÓN (OTE).

B - UNIÓN EUROPEA DE RADIODIFUSIÓN (UER).

C - UNIÓN EUROPEA DE TELEVISIÓN (UET).

36 ¿QUÉ PAÍS ES EL ANFITRIÓN DE EUROVISIÓN 2023?

A - REINO UNIDO.

B - UCRANIA.

C - KIEV.

37 ¿CUÁNTAS VECES HA GANADO ESPAÑA EL FESTIVAL? (A 2023)

A - CUATRO.

B - DOS.

C - TRES.

38 ¿EN QUÉ POSICIÓN ACTUARON AMAIA Y ALFRED EN LISBOA EN 2018?

A - LA 1ª.

B - LA 22ª.

C - LA 2ª.

39 ¿QUÉ ARTISTA NO CONCURSÓ EN LA PRESELECCIÓN ESPAÑOLA PARA EUROVISIÓN 2001?

A - DAVID CIVERA.

B - RAÚL.

C - LUNA.

40 ¿CÓMO SE LLAMA EL VOCALISTA DEL GRUPO ITALIANO MÅNESKIN?

A - DAMIANO DAVID.

B - MIQUEL DAVID.

C - DAMIANO EROS.

41 ¿EN QUÉ POSICIÓN QUEDÓ MANEL NAVARRO CON «DO IT FOR YOUR LOVER» EN EL AÑO 2017?

A - ÚLTIMA.

B - CUARTA.

C - QUEDÓ DESCALIFICADO.

42 ¿DE QUÉ CIUDAD ES DANIEL DIGES?

A - TOLEDO.

B - SEGOVIA.

C - MADRID.

43 DANIEL DIGES ADEMÁS DE CANTANTE ES ACTOR, ¿VERDADERO O FALSO?

A - VERDADERO.

B - FALSO.

44 ¿CÓMO SE LLAMA CANCIÓN DE ELL Y NIKKI CON LA QUE GANARON EN 2011 REPRESENTANDO A AZERBAIYÁN?

A - ONLY TEARDROPS.

B - EUPHORIA.

C - RUNNING SCARED.

45 ¿DE CUÁL DE ESTAS ARTISTAS NO HA SIDO COREÓGRAFO KYLE HANAGAMI (COREÓGRAFO DE CHANEL EN 2022)?

A - JENNIFER LÓPEZ.

B - MADONNA.

C - BRITNEY SPEARS.

46 EUROVISIÓN 2002 FUE LA EMISIÓN DE TELEVISIÓN MÁS VISTA EN ESPAÑA DE LA HISTORIA, ¿VERDADERO O FALSO?

A - VERDADERO.

B - FALSO.

47 ¿QUIÉN GANÓ LA GALA ESPECIAL DEL 50 ANIVERSARIO DEL FESTIVAL DE EUROVISIÓN?

A - CLIFF RICHARDS.

B - CELINE DIONE.

C - ABBA.

48 MARISOL REPRESENTÓ A ESPAÑA EN EL 1961 CON LA CANCIÓN 'ESTANDO CONTIGO'. ¿VERDADERO O FALSO?

A - VERDADERO.

B - FALSO.

49 ¿CUÁNTAS VECES HAN ACOGIDO LOS PAÍSES BAJOS EL FESTIVAL? (A FECHA 2023)

A - 3.

B - 4.

C - 5.

50 ¿QUÉ PAÍS EMPATÓ CON AUSTRIA EN EL ÚLTIMO PUESTO EN 2015?

A - ITALIA.

B - ESPAÑA.

C - ALEMANIA.

51 ¿QUÉ GRAN ICONO EUROVISIVO FALLECIÓ EN 2020?

A - LINA MORGAN.

B - TORREBRUNO.

C - RAFFAELLA CARRÁ.

52 ¿CON QUÉ CANCIÓN REPRESENTÓ MIKI A ESPAÑA EN EUROVISIÓN 2019?

A - LA VENDA.

B - EL PAÑUELO.

C - LA GORRA.

53 ¿Y EN QUÉ POSICIÓN QUEDÓ?

A - 12.

B - 22.

C - 13.

54 ¿CÓMO SE LLAMA EL GRUPO UCRANIANO QUE GANÓ EN 2022 CON LA CANCIÓN "STEFANIA"?

A - MAKUSH ORCHESTRA.

B - KARIM ORCHESTRA.

C - KALUSH ORCHESTRA.

55 ¿CON QUÉ OTRO NOMBRE ES CONOCIDO EL CERTAMEN?

A - LA FIESTA DE LA CANCIÓN.

B - EL FESTIVAL DE LA CANCIÓN.

C - LA FIESTA DE LA MÚSICA.

56 ¿EN QUÉ AÑO SE CELEBRÓ LA PRIMERA EDICIÓN DE EUROVISIÓN?

A - 1956.

B - 1960.

C - 1950.

57 ¿QUÉ CANTANTE NO HA REPRESENTADO DOS VECES A ESPAÑA?

A - RAPHAEL.

B - SERAFÍN ZUBIRI.

C - JULIO IGLESIAS.

58 ¿CON QUÉ CANCIÓN REPRESENTÓ MOCEDADES A ESPAÑA EN EL AÑO 1973?

A - UNA RAMITA VERDE.

B - LA VUELTA AL MUNDO EN 80 DÍAS.

C - ERES TÚ.

59 EL REPRESENTANTE DE PORTUGAL, SALVADOR SOBRAL, TUVO QUE RETIRARSE TEMPORALMENTE DE LOS ESCENARIOS ¿POR QUÉ?

A - POR MOTIVOS FAMILIARES.

B - POR UNA DOLENCIA CARDÍACA.

C - POR PROBLEMAS CON LAS CUERDAS VOCALES.

60 ¿DÓNDE NACIÓ ROSA LÓPEZ?

A - SEVILLA.

B - JAEN.

C - GRANADA.

61 CONCHITA WURST ES EL NOMBRE ARTÍSTICO ¿DE QUÉ ARTISTA?

A - THOMAS NEUWIRTH.

B - NICHOLAS BERT.

C - TOM YORKE.

62 ¿Y DE QUÉ PAÍS ES ORIGINARIO?

A - HOLANDA.

B - AUSTRIA.

C - ALEMANIA.

63 EN VERANO DE 1981 SE REALIZÓ UN CONCIERTO PARA CONMEMORAR EL 25.º ANIVERSARIO DEL FESTIVAL ¿CÓMO SE LLAMÓ EL PROGRAMA?

A - VOICES OF EUROPE.

B - SONGS OF EUROPE.

C - WE LOVE EUROPE.

64 MADONNA FUE UNA DE LAS INVITADAS EN EL FESTI-VAL DE 2019. ¿VERDADERO O FALSO?

A - VERDADERO.

B - FALSO.

65 ¿CUÁNTAS VECES HAN PARTICIDADO EN EL FESTIVAL EL DÚO AL BANO Y ROMINA POWER?

A - UNA.

B - DOS.

C - NINGUNA.

66 ¿CUÁNTAS VECES HA OBTENIDO ESPAÑA 0 PUNTOS?

A - NINGUNA VEZ.

B - TRES VECES.

C - DOS VECES.

67 ¿A QUIÉN DEDICÓ BLAS CANTÓ SU CANCIÓN PARA EUROVISIÓN?

A - A SU ABUELA.

B - A SU MADRE.

C - A SU PADRE.

68 ¿CUÁNTOS PUNTOS CONSIGUIÓ CHANEL EN EL 2022?

A - 402.

B - 454.

C - 354.

69 ¿EN EUROVISIÓN HABÍA ANTIGUAMENTE UNA NORMA QUE OBLIGABA A LOS PAÍSES A CANTAR EN SU IDIOMA OFICIAL?

A - SÍ.

B - NO.

C - SÍ Y LA SIGUE HABIENDO.

70 ¿CUÁL DE ESTOS PAÍSES FORMA PARTE DE LA UER PERO NUNCA HA PARTICIPADO EN EUROVISIÓN?

A - MACEDONIA DEL NORTE.

B - SUECIA.

C - JORDANIA.

71 ¿CUÁNTOS PAÍSES PARTICIPARON EN LA PRIMERA EDICIÓN DEL FESTIVAL?

A - DIEZ.

B - SIETE.

C - QUINCE.

72 ¿CON QUÉ CANCIÓN GANÓ ABBA EL FESTIVAL DE EU-ROVISIÓN?

A - SUPER TROUPER.

B - MAMMA MIA.

C - WATERLOO.

73 ¿REPRESENTANDO A QUÉ PAÍS GANÓ CÉLINE DION EL FESTIVAL DE EUROVISIÓN EN 1988?

A - FRANCIA.

B - PAÍSES BAJOS.

C - SUIZA.

74 ¿CUÁNTAS VECES HA QUEDADO ESPAÑA EN EL TOP 5? (A FECHA 2023)

A - OCHO.

B - CINCO.

C - CUATRO.

75 ¿EN QUÉ AÑO SE ENTREGÓ POR PRIMERA VEZ UN MICRÓFONO DE CRISTAL AL GANADOR/A DE EUROVISIÓN?

A - 2000.

B - 2008.

C - 2022.

76 ESPAÑA HA PARTICIPADO CON UNA CANCIÓN EN EUSKERA.

A - VERDADERO.

B - FALSO.

77 UNA DE LAS REPRESENTANTES DE ESPAÑA SE LLAMA REALMENTE ANNA MARÍA. ¿DE QUIÉN SE TRATA?

A - KARINA.

B - NINA.

C - MASSIEL.

78 ¿CUÁNTOS TRIUNFOS ACUMULA ISRAEL? (A 2023)

A - DOS.

B - TRES.

C - CUATRO.

79 EN 2001 DAVID CIVERA REPRESENTÓ A ESPAÑA QUEDANDO EN 6ª POSICIÓN ¿CON QUÉ CANCIÓN?

A - «SIEMPRE CONTIGO».

B - «DILE QUE LA QUIERO».

C - «BAILAR PEGADOS».

80 LAS MUJERES SOLISTAS HAN GANADO MÁS VECES EUROVISIÓN QUE LOS HOMBRES. ¿VERDADERO O FALSO?

A - VERDADERO.

B - FALSO.

81 UN AUSTRALIANO NACIONALIZADO IRLANDÉS GANÓ EL CERTAMEN EN DOS OCASIONES, COMO CANTANTE Y COMO COMPOSITOR. NADIE MÁS LO HA CONSEGUIDO HASTA AHORA ¿CUÁL ES SU NOMBRE?

A - JOHNNY LOGAN.

B - JOHNNY ROTTEN.

C - JOHN VOIGT.

82 ¿QUÉ CANCIÓN DE EUROVISIÓN HA TENIDO MÁS VERSIONES?

A - BLACK IS BLACK.

B - NEL BLU DIPINTO DI BLU.

C - CONGRATULATIONS.

83 ¿QUÉ REPRESENTANTE ESPAÑOLA DEJÓ EN 1995 A ESPAÑA EN UN SEGUNDO PUESTO CON «VUELVE CONMIGO»?

A - NINA.

B - ANABEL CONDE.

C - BETH.

84 EN EL PRIMER FESTIVAL NO HABÍA LÍMITE DE TIEMPO PARA LAS CANCIONES ¿Y HOY EN DÍA?

A - SIGUE SIN HABER LÍMITE.

B - TRES MINUTOS.

C - CINCO MINUTOS.

85 ¿CON CUÁNTOS PUNTOS GANÓ MASSIEL EL FESTIVAL DE 1968?

A - 29.

B - 129.

C - 79.

86 NO ES POSIBLE PRESENTAR CANCIONES ÚNICAMENTE CON SONIDOS VOCALES. ¿VERDADERO O FALSO?

A - VERDADERO.

B - FALSO.

87 ¿EN QUÉ PUESTO QUEDÓ ROSA EN 2002 CON "EUROPE'S LIVING A CELEBRATION"?

A - CUARTO.

B - SÉPTIMO.

C - SEGUNDO.

88 ¿CUÁNTAS VECES HA QUEDADO ESPAÑA EN SEGUNDO PUESTO? (A 2023)

A - TRES VECES.

B - SEIS VECES.

C - CUATRO VECES.

89 ¿CUÁL ES LA PRIMERA FRASE DE LA CANCIÓN DE LA REPRESENTANTE DE ESPAÑA DE 2014 RUTH LORENZO?

A - WE'RE DANCING IN THE RAIN.

B - DANCING IN THE RAIN.

C - DEJA LA LLUVIA CAER.

90 EN LA PRIMERA EDICIÓN DEL FESTIVAL DE EUROVISIÓN UN PAÍS PODÍA INTERPRETAR MÁS DE UNA CANCIÓN. ¿VERDADERO O FALSO?

A - VERDADERO.

B - FALSO.

91 ¿CUÁNTO GANA EL GANADOR DE EUROVISIÓN?

A - 300.000 EUROS.

B - NADA, SOLO EL PRESTIGIO DE HABER GANADO.

C - 500.000 EUROS.

92 ¿CON QUÉ CANCIÓN REPRESENTARON A ESPAÑA EN 2006 LAS KETCHUP?

A - «UN MOJITO».

B - «UN RONCOLA».

C - «UN BLODYMARY».

93 ¿HA PARTICIPADO EL GRUPO EL SUEÑO DE MORFEO ALGUNA VEZ EN EUROVISIÓN?

A - SÍ.

B - NO.

94 ¿CÓMO SE LLAMABA LA ARTISTA QUE REPRESENTÓ A ESPAÑA CON «¿QUIÉN MANEJA MI BARCA?»?

A - REMEDIOS AMAYA.

B - MARIFÉ DE TRIANA.

C - SORAYA AMAYA.

95 ESPAÑA ES UNO DE LOS BIG FIVE Y PARTICIPA DIRECTAMENTE EN LA FINAL DEL SÁBADO. ¿VERDADERO O FALSO?

A - VERDADERO.

B - FALSO.

96 ¿QUÉ EDAD TENÍA LA CANTANTE MÁS JOVEN EN GANAR EL FESTIVAL DE EUROVISIÓN (ADULTO)?

A - 12 AÑOS.

B - 15 AÑOS.

C - 13 AÑOS.

97 ¿QUÉ PAÍS HA QUEDADO MÁS VECES EN ÚLTIMO LUGAR?

A - PORTUGAL.

B - NORUEGA.

C - ANDORRA.

98 ¿DE DÓNDE ES LA CANTANTE AMAIA?

A - ZARAGOZA.

B - BILBAO.

C - PAMPLONA.

99 ¿Y DE QUÉ PAÍS ES ORIGINARIA CHANEL?

A - CUBA.

B - ESPAÑA.

C - VENEZUELA.

100 ¿CUÁNTOS "LA" CONTIENE LA CANCIÓN "LA, LA, LA" DE MASSIEL?

A – 138.

B – 30.

C – 83.

101 ¿CUÁL ES LA PRIMERA FRASE DE LA CANCIÓN DE BLAS CANTÓ «VOY A QUEDARME»?

A – HE BAJADO EL CIELO PARA DESCUBRIR.

B – QUÉDATE UN SEGUNDO MÁS, NO HAY NADA QUE PERDER.

C – QUÉDATE ESTA NOCHE PARA VER AMANECER.

102 ¿CON QUÉ FRASE TERMINA LA CANCIÓN DE SORAYA ARNELAS «LA NOCHE ES PARA MÍ»?

A – COME SET ME FREE, JUST YOU AND ME.

B – LA NOCHE ES PARA MÍ.

C – QUIERO CLAVARTE EN MI CRUZ.

103 ¿QUÉ PAÍS HA OTORGADO MÁS PUNTOS A ESPAÑA A LO LARGO DE TODA LA HISTORIA?

A - ANDORRA.

B - PORTUGAL.

C - FRANCIA.

104 ¿HA IDO LADY GAGA COMO INVITADA ALGUNA VEZ A EUROVISIÓN?

A - SÍ.

B - SI, DOS VECES.

C - NO.

105 ¿QUÉ CANTANTE REPRESENTÓ A ESPAÑA EN 1998 CON LA CANCIÓN «¿QUÉ VOY A HACER SIN TI?»?

A - ALEJANDRO ABAD.

B - MIKEL HERZOG.

C - EVA SANTAMARÍA.

106 ¿CON QUÉ FRASE COMIENZA LA CANCIÓN GANADORA "ARCADE" DE DUNCAN LAURENCE ?

A - I'M AFRAID OF ALL I AM.

B - A BROKEN HEART IS ALL THAT'S LEFT.

C - LOVING YOU IS A LOSING GAME.

107 ¿EN QUÉ POSICIÓN QUEDÓ KARINA CON LA CANCIÓN «EN UN MUNDO NUEVO» EN 1971?

A - SEGUNDA.

B - TERCERA.

C - ÚLTIMA.

108 ¿EN QUÉ AÑO REPRESENTÓ A ESPAÑA JULIO IGLESIAS?

A - 1968.

B - 1970.

C - 1975.

109 ¿Y CON QUÉ CANCIÓN CONCURSÓ?

A - «HEY».

B - «BEGIN THE BEGINE».

C - «GWENDOLYNE».

110 ¿QUÉ REPRESENTANTE ESPAÑOLA SE LLAMA REAL-
MENTE MARÍA ROSA MARCO POQUET?

A - SALOMÉ.

B - CHANEL.

C - MASSIEL.

111 ¿EN QUÉ AÑO FUE AUSTRALIA INVITADA DE FORMA
ESPECIAL A LA FINAL?

A – 2015.

B – 1995.

C – 2001.

112 ABBA ES UN ACRÓNIMO FORMADO POR LAS PRIMERAS LETRAS DEL NOMBRE DE CADA MIEMBRO. ¿VERDADERO O FALSO?

A - VERDADERO.

B - FALSO.

113 ¿CUÁL ES LA PRIMERA FRASE DE LA CANCIÓN DE EDURNE «AMANECER»?

A - SE FUE SIN CREER EN MÍ.

B - MI CORAZÓN.

C - SE FUE SIN SABER.

114 ¿CUÁL ES LA ÚLTIMA PALABRA DE LA CANCIÓN "TOY" DE NETTA?

A - TOY.

B - BOY.

C - BUCKBUCKBUCK.

115 ¿CUÁNTAS VECES ACTUÓ RAPHAEL REPRESENTANDO A ESPAÑA?

A - UNA.

B - DOS.

C - NINGUNA.

116 ¿CÓMO SE APELLIDA LA ARTISTA QUE REPRESENTÓ A ESPAÑA EN 1985 CON «LA FIESTA TERMINÓ»? PALOMA:

A - BALAGUER.

B - SAN BASILIO.

C - BAUTISTA.

117 LAS VOTACIONES SIEMPRE SE REALIZARON POR MEDIO DE UN JURADO PROFESIONAL ¿HASTA QUÉ AÑO?

A - 2003.

B - 1980.

C - 1997.

118 LA MÚSICA DE LA CORTINILLA QUE SE ESCUCHA ANTES Y DESPUÉS DE LAS TRANSMISIONES DEL FESTIVAL DE MARC-ANTOINE CHARPENTIER ES EL PRELUDIO ¿DE?

A - «ORPHEO».

B - «DIO MIO».

C - «TE DEUM».

119 ¿CÓMO EMPIEZA LA CANCIÓN DE ROSA LÓPEZ «EUROPE'S LIVING A CELEBRATION»?

A - SIENTO ALGO NUEVO EN MI INTERIOR.

B - ESTOY FELIZ DE ENCONTRARME HOY AQUÍ.

C - EUROPE'S LIVING A CELEBRATION.

120 ¿CUÁL DE ESTOS PAÍSES NO HA GANADO 5 VECES EUROVISIÓN?

A - FINLANDIA.

B - LUXEMBURGO.

C - FRANCIA.

SOLUCIONES:

1: B – «FAIRYTALE».

2: A – 26.

3: A – MICKY.

4: B – ENSÉÑAME A CANTAR.

5: A – UNA.

6: A – VERDADERO.

7: C – CONGRATULATIONS.

8: A – SÍ.

9: B – ANDORRA.

10: A – 1991.

11: A – VERDADERO.

12: B – 8.

13: B – GRAND PRIX EUROVISION.

14: B – NO.

15: A – PORTUGAL.

16: C – TERCERA.

17: B – QUÉDATE CONMIGO.

18: A – SEVILLA.

SOLUCIONES:

19: B – LOREEN.

20: C – BAILA EL CHIKI,CHIKI.

21: A – VERDADERO.

22: B – AZÚCAR MORENO.

23: B – FRANCÉS.

24: C – CONCHITA BAUTISTA.

25: B – FALSO.

26: B – ROTTERDAM.

27: A – REINO UNIDO.

28: C – SAY YAY!

29: C – TERCERA.

30: A – SÍ.

31: B – IRLANDA.

32: C – 6.

33: A – SÍ.

34: B – SLOMO.

35: B – UNIÓN EUROPEA DE RADIODIFUSIÓN (UER).

36: C – KIEV.

SOLUCIONES:

37: B - DOS.

38: C - LA 2ª.

39: B - RAÚL.

40: A - DAMIANO DAVID.

41: A - ÚLTIMA.

42: C - MADRID.

43: A - VERDADERO.

44: C - RUNNING SCARED.

45: B - MADONNA.

46: A - VERDADERO.

47: C - ABBA.

48: B - FALSO.

49: C - 5.

50: C - ALEMANIA.

51: C - RAFFAELLA CARRÁ.

52: A - LA VENDA.

53: B - 22.

54: C - KALUSH ORCHESTRA.

SOLUCIONES:

55: B – EL FESTIVAL DE LA CANCIÓN.

56: A – 1956.

57: C – JULIO IGLESIAS.

58: C – ERES TÚ.

59: B – POR UNA DOLENCIA CARDÍACA.

60: C – GRANADA.

61: A – THOMAS NEUWIRTH.

62: B – AUSTRIA.

63: B – SONGS OF EUROPE.

64: A – VERDADERO.

65: B – DOS.

66: B – TRES VECES.

67: A – A SU ABUELA.

68: B – 454.

69: A – SÍ.

70: C – JORDANIA.

71: B – SIETE.

72: C – WATERLOO.

SOLUCIONES:

73: C – SUIZA.

74: A – OCHO.

75: B – 2008.

76: B – FALSO.

77: B – NINA.

78: C – CUATRO.

79: B – «DILE QUE LA QUIERO».

80: A – VERDADERO.

81: A – JOHNNY LOGAN.

82: B – NEL BLU DIPINTO DI BLU.

83: B – ANABEL CONDE.

84: B – TRES MINUTOS.

85: A – 29.

86: B – FALSO.

87: B – SÉPTIMO.

88: C – CUATRO VECES.

89: A – WE'RE DANCING IN THE RAIN.

90: A – VERDADERO.

SOLUCIONES:

91: B - NADA, SOLO EL PRESTIGIO DE HABER GANADO.

92: C - «UN BLODYMARY».

93: A - SÍ.

94: A - REMEDIOS AMAYA.

95: A - VERDADERO.

96: C - 13 AÑOS.

97: B - NORUEGA.

98: C - PAMPLONA.

99: A - CUBA.

100: A - 138.

101: C - QUÉDATE ESTA NOCHE PARA VER AMANECER.

102: B - LA NOCHE ES PARA MÍ.

103: B - PORTUGAL.

104: C - NO.

105: B - MIKEL HERZOG.

106: B - A BROKEN HEART IS ALL THAT'S LEFT.

107: A - SEGUNDA.

108: B - 1970.

SOLUCIONES:

109: C – «GWENDOLYNE».

110: A – SALOMÉ.

111: A – 2015.

112: A – VERDADERO.

113: C – SE FUE SIN SABER.

114: A – TOY.

115: B – DOS.

116: B – SAN BASILIO.

117: C – 1997.

118: C – «TE DEUM».

119: B – ESTOY FELIZ DE ENCONTRARME HOY AQUÍ.

120: A – FINLANDIA.

PUNTUACIONES:

JUGADOR 1:

JUGADOR 2:

JUGADOR 3:

JUGADOR 4:

¿CUÁNTO SABES

DE

EUROVISIÓN?

LOS LÍMITES DE LA CIENCIA

JAVIER ARGÜELLO

LOS LÍMITES DE LA CIENCIA

Una visita al
acelerador de
partículas más
grande del mundo

EN DEBATE

Papel certificado por el Forest Stewardship Council®

MIXTO
Papel | Apoyando la
silvicultura responsable
FSC® C117695
www.fsc.org

Penguin
Random House
Grupo Editorial

Primera edición: octubre de 2024

© 2024, Javier Argüello
Casanovas & Lynch Literary Agency, S. L.
© 2024, Penguin Random House Grupo Editorial, S. A. U.
Travessera de Gràcia, 47-49. 08021 Barcelona

Printed in Spain – Impreso en España

ISBN: 978-84-10214-45-3
Depósito legal: B-12.696-2024

Compuesto en La Nueva Edimac, S. L.
Impreso en Huertas Industrias Gráficas, S. A.

C 2 1 4 4 5 3

A Gustavo, María, José, Matthew, Mónica, Stéphane, Smaragda, Ramón, Paco, Rolf, Pablo, Anaïs e Ignacio. Por ayudarme a entender.

Y a Lola, sin quien no entendería nada de nada.

Un físico es sólo la manera en que un átomo se mira a sí mismo.

NIELS BOHR

En noviembre de 2021 tuvo lugar en San Sebastián un encuentro multidisciplinar entre físicos, escritores, neurocientíficos y humanistas para reflexionar acerca del papel que juega la belleza como guía en nuestras respectivas búsquedas.

La ponencia que me tocó presentar –y que el lector tendrá ocasión de leer en las páginas sucesivas– se vio fuertemente afectada por una visita que hice apenas un mes antes del encuentro al CERN, el laboratorio europeo de física de partículas, y por las reveladoras conversaciones mantenidas con los físicos que allí trabajan.

Mi más sincero agradecimiento a los investigadores del CERN, a su departamento de prensa y a su programa de artes por la amabilidad y la dedicación con que me recibieron, así como también al programa Mestizajes del Donostia Internacional Physics Center por hacer posible este encuentro.

Barcelona, invierno de 2023

Buenas tardes y muchísimas gracias por estar hoy aquí. El hecho de que hayan acudido a esta cita habla de su confianza en el poder colaborativo de las distintas miradas sobre el mundo a la hora de dar respuesta a los desafíos planteados por el complejo momento que nos toca vivir. Y yo personalmente lo celebro.

Voy a empezar mi exposición haciendo lo que todo buen contador de historias sabe que no hay que hacer. Voy a desvelarles el final. Les voy a contar la conclusión –muy preliminar, por supuesto– a la que llegué luego de organizar el recorrido que vengo a compartir con ustedes:

La búsqueda de la belleza es la búsqueda de la verdad. Lo que hacemos los seres humanos cuando miramos el mundo, sea en términos estéticos, filosóficos, literarios o científicos, es intentar desentrañar la forma que el mundo tiene.

La belleza está en realidad *en la búsqueda de la belleza*.

Ocurre que en ese afán de búsqueda, en ese intentar desentrañar la forma que el mundo tiene, hay veces en que la perspectiva desde la que miramos se choca contra un límite que nos obliga a buscar perspectivas nuevas.

Hoy estamos viviendo uno de esos momentos bisagra. El mundo entendido como un gran mecanismo, como un gran artefacto material, aprehensible y mensurable, se ha chocado contra un límite. Y no sabemos muy bien cómo seguir. Y nos vemos obligados a imaginar nuevas maneras de mirar.

Supongo que es por eso que estamos hoy aquí.

Lo que voy a hacer a lo largo de los próximos cincuenta minutos es contarles tres historias y leerles un texto. Las historias tienen que ver con el mito de las musas, con un viaje que hice recientemente al mayor acelerador de partículas del mundo y con un hombre que se sienta a mirar el cielo nocturno para tratar de entender el tiempo en el espacio. O el espacio en el tiempo, como ustedes prefieran.

El texto es un texto del físico alemán Werner Heisenberg en el que él mismo refiere una conversación que sostuvo con su amigo Wolfgang Pauli acerca de las pretensiones metodológicas del positivismo científico, y en la que ambos reflexionan acerca de ciertas cuestiones que considero que deberían resultarnos muy relevantes, y en las que creo que no estamos pensando suficientemente.

Pero eso será más adelante. Vamos a empezar primero con la primera de las tres historias, que, como les adelanté, tiene que ver con el mito de las musas. Probablemente muchos de ustedes ya la conozcan, pero me parece pertinente refrescarla en el contexto de nuestras reflexiones acerca del modo en que los seres humanos nos relacionamos con la belleza.

Hace muchos años, en la antigua Grecia, existía la creencia de que había habido un tiempo en el que los dioses habitaron la tierra. Los dioses estaban en la tierra y los seres humanos los teníamos a mano para hacerles las preguntas fundamentales respecto a la condición humana. ¿Cómo ocurrió que un día aparecí en el mundo? ¿Qué tengo que hacer mientras dura este viaje? ¿Qué pasará el día que me vaya?

Los dioses habitaban el mundo y los seres humanos los teníamos a mano para hacerles estas y otras preguntas, pero un día los dioses se fueron dejándonos a los hombres solos en el mundo. Ya no teníamos a quién dirigir nuestras preguntas acerca de estas cuestiones fundamentales.

Los dioses, sin embargo, no querían ser olvidados, e idearon un canal para seguir comunicándose con los hombres. Y ese canal fueron las musas. Las musas fueron las encargadas de transmitir a los hombres las verdades de los dioses una vez que éstos abandonaron el mundo.

Los griegos tenían muchos dioses, uno para cada asunto particular, y quien se ocupaba de la memoria era la diosa Mnemosine. La memoria era algo muy importante para los griegos porque quien tuviera acceso a ella tenía acceso al pasado, a ese momento en que los dioses habitaron la tierra. Quien tuviera acceso a la memoria tenía acceso a las verdades de los dioses.

Cuenta la historia que un día Zeus, el padre de todos los dioses, tuvo una aventura con Mnemosine, la diosa de la memoria, y que de esa unión nacieron las musas. Las musas eran las encargadas de transmitir a los hombres las verdades de los dioses, y lo hacían susurrándolas al oído de algunos elegidos, los rapsodas y los poetas, los cuales luego se encargaban de esparcirlas por el mundo. Pero había un truco: las musas a veces les contaban verdades y a veces les contaban mentiras disfrazadas de verdades, y ni los rapsodas ni los poetas podían conocer la diferencia. Sólo podían repetir lo que las musas les transmitían sin saber si se trataba de una verdad o de una mentira disfrazada de verdad.

¿Saben cómo hacía la gente para reconocer la diferencia? A través de la belleza que el relato contenía. Si el relato en cuestión era suficientemente bello, era señal de que venía de los dioses. Y si venía de los dioses tenía que ser verdadero.

Verdad y belleza eran sinónimos por esos días. Si algo era verdadero tenía que ser bello y si algo era bello tenía que ser verdadero. No podía ser de otra forma. Durante unos dos mil años parecimos olvidarlo. Hoy, de la mano de encuentros como éste, parece que estuviéramos queriendo recordarlo.

La verdad para los antiguos griegos se hallaba en el canto de los poetas. Resulta interesantísimo analizar el recorrido que nos llevó a desconfiar de esas verdades bellas para empezar a confiar únicamente en las verdades demostrables que nos ofrece el método científico, pero eso sería tema para otra conferencia. Por lo pronto quedémonos con el dato de que, en el inicio de nuestra civilización, la validación de la verdad tenía que ver con la belleza.

La segunda de las historias que voy a contarles tiene que ver con la visita que hice el mes pasado al mayor mecanismo jamás creado por el ser humano: el gran colisionador de hadrones del CERN, un anillo subterráneo de veintisiete kilómetros de largo que se extiende bajo la frontera entre Francia y Suiza, y que constituye el mayor acelerador de partículas que existe en el mundo.

Pero antes de referirles esta segunda historia, quiero hacer un pequeño paréntesis que tiene que ver con la idea de la precisión, la cual afecta a la mayoría de los mecanismos que creamos para explorar el mundo y que, como confío en que se verá dentro de un momento, tiene mucho que ver con la idea de límite al que creo que estamos llegando.

Precisión y riqueza son los dos extremos de una relación inversamente proporcional. Cuanto más tengo de una menos tengo de la otra y viceversa. Cuanto más preciso soy respecto de algún asunto, menos territorio abarco y por lo tanto más parcial se vuelve mi observación. Cuanto más abarcativo quiero ser, más amplias se vuelven mis observaciones, pero también más imprecisas.

Albert Einstein lo expuso en los siguientes términos: cuanto más nos especializamos en nuestras respectivas disciplinas, cuanto más acotamos nuestro campo de estudio, más estrechamos nuestro punto de mira, de modo que pasamos a saber cada vez más acerca de cada vez menos, hasta que llegará un punto en el que sabremos casi todo acerca de casi nada.

Precisión y riqueza son, pues, los dos extremos de una relación inversamente proporcional. Cuanto más hay de una menos hay de la otra y viceversa.

Y, sin embargo, en ambas hay belleza.

El mecanismo posee la belleza de la precisión. El mecanismo está en la superficie. Y la verdad, como reza el texto de Werner Heisenberg que voy a leerles dentro de un momento, habita en las profundidades.

Y por supuesto que hay una enorme belleza en el mecanismo. Basta con comprobar el placer que nos depara entender el funcionamiento de un artefacto estropeado, repararlo y ver que vuelve a funcionar, para comprender lo seductora que nos resulta la belleza del mecanismo. Al conquistarlo nos sentimos tan poderosos como si hubiéramos descubierto la clave que gobierna la materia.

En el mecanismo hay una enorme belleza, pero es la belleza de la superficie. La belleza de las profundidades es más honda y duradera, y también es mucho más difícil de alcanzar.

De hecho, es imposible llegar a ella si no es a través de la belleza del mecanismo.

Les pongo un ejemplo:

El mecanismo de la literatura son las palabras. Pero las palabras no son la literatura. La literatura es lo que está detrás, aquello a lo que las palabras remiten. Los escritores no debemos cometer el error de creer que somos los que creamos la belleza de aquello sobre lo que escribimos. La belleza está en la vida, no en la literatura. Las palabras, si están bien escogidas, sólo se encargan de reflejarla.

Es lo mismo que ocurre cuando alguien escribe un ensayo conmovedor acerca de la obra de Shakespeare y se confunde pensando que la potencia del texto está en su ensayo y no en la obra de Shakespeare. Un error que, lamentablemente, se comete muy a menudo en el mundo académico, y que pasa en todos los casos por confundir la belleza de la superficie con la belleza de las profundidades.

La literatura no es dueña de la belleza que produce. La belleza está en la vida. La literatura, si está bien construida, simplemente tiene la capacidad de mostrarla.

Con el lenguaje de la física pasa lo mismo. La matemática también es capaz de ponernos en contacto con la belleza del universo, pero no la produce, simplemente da cuenta de ella.

En el caso de la matemática, sin embargo, gran parte de su belleza se desprende de la precisión que ofrece. Y es esa precisión la que, a mi juicio, está hoy en crisis. No como herramienta de conocimiento en sí misma, sino como el camino más idóneo para responder a las grandes preguntas acerca del universo.

Hoy estamos aquí porque la belleza de la precisión se ha chocado contra un límite. Por eso producimos encuentros como éste, porque intuimos ese límite y sentimos el impulso de querer traspasarlo. Y no sabemos cómo hacerlo, pero intuimos que mezclar lenguajes más precisos con otros que lo son menos tal vez pueda ayudarnos.

El mes pasado estuve en el CERN, el Centro Europeo para la Investigación Nuclear, y la sensación de límite se hizo patente.

Para quienes no lo conozcan, el CERN representa el mayor laboratorio de física de partículas de todo el mundo, y tiene su sede en las afueras de la ciudad de Ginebra. En este momento se están llevando a cabo más de sesenta experimentos en sus instalaciones, los más icónicos de los cuales tienen que ver con lo que ocurre en el LHC, el gran colisionador de hadrones, un acelerador de partículas circular de veintisiete kilómetros de longitud que describe un anillo que se extiende bajo tierra a ambos lados de la frontera entre Francia y Suiza.

Además de visitar algunos de los experimentos que se llevan a cabo en el anillo, el gran centro de cómputos y la fábrica de antimateria, mi visita incluía una entrevista con un físico experimental y otra con un físico teórico. ¿El tema? Los límites de la ciencia. A través de algunas conversaciones mantenidas con allegados al mundo de la física, me habían llegado rumores acerca de una preocupación que circulaba por los pasillos de la institución: al parecer el LHC, ese maravilloso mecanismo de miles de millones de euros destinado a responder las preguntas más complejas acerca de la estructura del espacio y el tiempo, ya no tenía mucho más que ofrecer en tanto que herramienta para desvelar los grandes misterios del universo. La curiosidad me llevó a concertar las mencionadas entrevistas para intentar averiguar qué había de cierto en ello.

Para quien no esté familiarizado con el día a día del trabajo en física, la cuestión funciona más o menos así: un físico teórico imagina teorías, hace sus cálculos para explorarlas y, cuando llega a una conclusión más o menos satisfactoria, le pide a un físico experimental que, junto a un grupo de ingenieros, construya un mecanismo que genere las condiciones en las que dicha teoría pueda ser puesta a prueba.

El caso más icónico ocurrido en el CERN fue el que determinó la existencia del bosón de Higgs. Allá por los años sesenta del siglo pasado, había un gran agujero en el llamado modelo estándar de la física –la explicación más completa que poseemos acerca de las relaciones existentes entre las partículas que conforman el universo y las fuerzas que las gobiernan–, que tenía que ver con el hecho de que ninguno de sus elementos era capaz de explicar la existencia de masa en la materia. Fue entonces cuando un grupo de investigadores liderados por el físico británico Peter Higgs postuló la existencia de lo que se dio en llamar el mecanismo de Higgs, el cual explicaba la masa como el resultado de la interacción de las partículas elementales con un campo que impregna todo el espacio y que fue denominado campo de Higgs. La manera de comprobar la existencia de este campo venía dada por la posibilidad de encontrar una partícula asociada con las vibraciones que el mismo producía: el bosón de Higgs.

Hasta la década 1980 no se pudo idear ningún experimento que contase con la energía necesaria para lanzarse a la búsqueda del dichoso bosón. En 1998, con la colaboración de más de diez mil científicos provenientes de cien países y con el apoyo de universidades y laboratorios de todo el mundo, se empezó a construir el mayor acelerador de partículas jamás imaginado, cuyo principal objetivo consistía en dar con la mencionada partícula. El gran colisionador de hadrones –LHC por sus siglas en inglés– fue inaugurado en el año 2008 y empezó a realizar experimentos en el año 2010. El 4 de julio de 2012, los detectores ATLAS y CMS confirmaron de manera independiente la existencia del bosón de Higgs, en lo que constituye probablemente el mayor logro de la historia del CERN y uno de los grandes hitos en la historia de la ciencia moderna. Su hallazgo representaba la validación del modelo estándar, lo que venía a significar que todo lo que creíamos saber acerca del universo y de la materia que lo compone era más o menos como lo habíamos imaginado.

Todo esto me lo explicaba a ciento veinte metros bajo tierra, en las propias instalaciones del CMS, el físico experimental que nos recibió y que resultó ser uno de los responsables de su ensamblaje y mantenimiento. Lo curioso, lo que llamó mi atención, fue que al llegar a la parte en la que me anunciaba el hallazgo del bosón de Higgs –repito, probablemente el mayor logro de toda la historia del CERN– el hombre me dijo, en un tono más bien sombrío, «y lamentablemente lo encontramos».

¿A qué se refería? A que para él, como físico experimental, hubiera sido mucho más divertido que las cosas no hubieran sido como esperábamos, porque de ese modo habría que haber empezado a pensarlo todo de nuevo, lo cual le daba infinitas posibilidades de experimentación y de búsqueda. El hecho de que las cosas fueran más o menos como esperábamos, de alguna manera suponía para él una suerte de límite.

Eso no quiere decir que su trabajo se hubiera terminado, por supuesto que no. Aún queda mucho por hacer con el propio modelo estándar, además de los otros cientos de experimentos que hay en marcha hoy en el CERN y de las numerosas sorpresas que aún nos pueden deparar. Pero con el Higgs de algún modo el puzle que motivó la construcción de ese desmesurado mecanismo estaba completo. Y la sensación era la de que algo se había terminado.

Evidentemente, no es que hayamos entendido todo lo que hay que entender acerca del universo ni mucho menos. ¿Qué era entonces lo que se había terminado, lo que provocaba esa sensación de desazón en mi anfitrión?

Cuando se empezó a proyectar el gran colisionador de hadrones, allá por los años ochenta, sabían que iban a encontrar algo muy grande. O se confirmaba o se falsaba el modelo estándar de la física. Y ambas cuestiones eran enormes. Ahora se está pensando en construir un acelerador de cien kilómetros de longitud –el actual tiene veintisiete–, lo cual posibilitaría cientos de nuevos experimentos. Pero incluso si lo hicieran, no hay ninguna seguridad de que vaya a pasar algo tan grande como lo que ocurrió con el bosón de Higgs.

Por la tarde, en la entrevista que tuve con el físico teórico, le conté la conversación mantenida con su amigo el físico experimental y me dijo que lo entendía. Las exploraciones que en este momento se están llevando a cabo a nivel teórico tienen pocas posibilidades de ser llevadas a la práctica en un experimento.

De hecho, me explicó, de alguna manera ellos también se habían topado con una especie de límite. Había cuestiones que hasta hace poco tiempo se daban por sentadas, que constituían supuestos incuestionables acerca de cómo funcionaba la materia, y que hoy ya no se podían dar por seguras. Le pedí que me diera un ejemplo y me habló de la simetría. Hasta hace muy poco tiempo, la simetría era una de las reglas básicas del universo, me dijo. Si existía una partícula de determinadas características con carga positiva, debía haber otra igual pero con carga negativa. Hoy ya no estamos tan seguros de que esto tenga que ser así.

A mi regreso a casa, comentando estas cuestiones con mi mujer, que es arquitecta, ella me hizo ver que la simetría, como la característica que otorga equilibrio a un sistema, es aquello a lo que un alumno de arquitectura apelaría en el primer año de su carrera. La simetría es lo más básico que se le puede ocurrir a alguien que esté intentando encontrar el equilibrio en un determinado sistema, lo cual me hizo pensar en que quizá parte del desencanto al que nos enfrentábamos tenía que ver con el hecho de haber pasado de creer que estábamos a punto de entender los más profundos misterios del universo a comprender que en realidad estábamos en pañales en el camino de lograrlo. Que apenas estábamos dando los primeros pasos y jugando con las primeras formas de un artefacto que, en el fondo, nos excedía por completo.

La mayoría de los seres humanos apenas somos capaces de lidiar con las tres dimensiones de nuestra realidad cotidiana. Si le agregamos la cuarta, que es el tiempo, ya nos vemos superados. La teoría de cuerdas, por ejemplo –esa que postula que las partículas subatómicas son en realidad estados vibracionales de un cuerpo mucho más extenso que se despliega por el espacio–, habla de la existencia de once dimensiones en el universo, cosa absolutamente inabarcable por nuestra mente. Pero digamos que hubiera un ser humano que fuera una mezcla de Buda, Einstein, Mozart y Leonardo, cuyo cerebro pudiera contemplar las once dimensiones descritas. La sensación es la de que debe haber en el universo unas seiscientas treinta y ocho mil cuatrocientas veintitrés trillones de dimensiones que jamás llegaremos a conocer.

Lo cierto es que, al parecer, entendemos bastante menos de lo que nos gustaría acerca del mundo que habitamos.

Pero si queda tanto por entender, entonces ¿cómo puede ser que hayamos dado con un límite? ¿Cuál es el límite contra el que nos hemos chocado si el terreno de exploración es aún tan inmenso?

Una pista me la dio el físico teórico cuando me explicó que las especulaciones con las que están coqueteando hoy en día a nivel teórico no son plausibles de ser puestas a prueba por ningún mecanismo que un grupo de físicos experimentales e ingenieros pueda construir. Y uno podría pensar: Bueno, aún no contamos con la tecnología adecuada, pero tarde o temprano llegaremos a tenerla. Puede ser. Lo cierto es que a día de hoy no sabríamos ni por dónde empezar a buscarla.

Cuando imaginaron la existencia del bosón de Higgs tampoco existía la tecnología capaz de comprobar su existencia, pero intuían la forma que debía tener y conocían los posibles caminos para alcanzarla. Hoy no. Las especulaciones con las que los físicos teóricos están jugando hoy en día son tan aventuradas que nadie puede imaginar el tipo de tecnología que podría llegar a ponerlas a prueba.

Es como si las cajas desde las que pensamos esas posibles comprobaciones ya no resultaran adecuadas para contener las imágenes a las que nos estamos empezando a asomar.

Cuando volví a casa volví a contactar por Zoom con mi amigo el físico experimental y me lo confirmó: Si a mí me dices que en el universo hay once dimensiones me parece muy bien, me dijo, pero yo no tengo ninguna manera de comprobarlo ni de refutarlo. Pero entonces nos estamos saliendo de los límites de la ciencia, le dije, porque hasta donde yo sé el método científico define como conocimiento científico aquel que es susceptible de ser falsado, es decir aquel sobre el que es posible aplicar un mecanismo o un experimento que pueda llegar a desmentirlo. El hombre me miró con cierta resignación y me dijo que ése era el lugar en el que nos encontrábamos.

Y de pronto el límite empezó a hacerse visible.

El conocimiento científico, para ser tal, debe ser objetivable y repetible. Y empíricamente observable. Como un mecanismo de relojería que, independientemente de quien lo eche a andar, debe arrojar los mismos resultados cada vez que se lo ponga en marcha.

Estos parámetros –estos límites– ya habían sido desafiados con el nacimiento de la teoría cuántica, que había planteado la revolucionaría necesidad de incluir el punto de vista en la ecuación. En 1927, en el congreso internacional de física celebrado en el lago de Como, en Italia, Niels Bohr, el padre de la formulación oficial de la teoría cuántica, expuso su principio de complementariedad, según el cual dos imágenes diferentes destinadas a describir el mismo sistema atómico podían ser compatibles y no excluyentes. Según el dispositivo de observación escogido, el átomo se comportaría de un modo o de otro sin que esto vulnerara la fiabilidad de las observaciones. Lo que había en el universo, según él, no eran objetos, sino experiencias, y en ese sentido no veía contradicción alguna en el hecho de que dos experiencias diferentes que involucraran al mismo objeto arrojaran resultados distintos. En cada ocasión en que se la interpele, la naturaleza asumirá el modo que tengamos de interrogarla, y nos responderá adecuándose a ese modo y a ese lenguaje. El enfoque y la perspectiva del investigador habían pasado a formar parte del objeto observado.

¿Cuál es entonces el límite contra el que nos chocamos?

Al parecer, Niels Bohr nos estaba queriendo decir que tenía que ver con el enfoque y la perspectiva desde las que nos paramos a mirar. El mundo no era una entidad objetiva e inmutable como habíamos pensado, sino que adaptaba su forma al punto de vista de quien se parara a observarlo.

En una famosa discusión mantenida entre Albert Einstein y Niels Bohr en la conferencia de Solvay en ese mismo año, el primero se reveló ante las evidencias que el segundo le presentaba respecto de una realidad que sólo se volvía concreta ante la mirada concreta que un observador pusiera en juego. El universo ha de poseer una entidad propia y definida más allá de quien se pare a mirarlo, alegaba Einstein, no puede ser que Dios esté jugando a los dados. A lo que Niels Bohr le respondió que no le dijera a Dios lo que tenía que hacer con sus dados.

Las evidencias demostraban que la realidad no era algo inamovible, sino que se adaptaba a la mirada de quien se parara a escrutarla.

Más allá de si éstas fueron las palabras exactas pronunciadas por estos dos grandes científicos, lo cierto es que Albert Einstein se pasó toda la segunda mitad de su vida intentando encontrar argumentos que rebatieran los postulados de la teoría cuántica, y murió sin conseguirlo.

Hoy en día las *aplicaciones* de la mecánica cuántica se encuentran presentes en la mayoría de los artefactos que gobiernan nuestras vidas, desde los hornos de microondas hasta la telefonía móvil. Las *implicaciones* que esta teoría supone, sin embargo, permanecen ignoradas. Cien años después de que estos postulados hayan sido establecidos, y habiéndolos incorporado de la manera más natural en la tecnología de nuestro día a día, seguimos resistiéndonos a las implicaciones que proyectan sobre nuestra imagen de mundo porque resultan demasiado antiintuitivas como para que nuestro intelecto las pueda abarcar.

A pesar de que nuestra propia ciencia las avala, nuestros prejuicios, nuestros conservadurismos y nuestro temor a abandonar la senda de lo conocido hacen que las sigamos ignorando.

El CERN está ubicado en las afueras de la ciudad de Ginebra. Para conseguir el financiamiento para ir hasta allí, lo que hice fue proponerle a la oficina de turismo de Suiza un reportaje sobre el valle de los relojes, que descubrí que quedaba a escasos cien kilómetros de la ciudad. En ese momento no podía sospechar lo complementaria que esa exploración terminaría resultando respecto de la que tiene que ver con las grandes preguntas de la física.

La génesis de la industria relojera suiza es muy interesante. Dos acontecimientos se combinaron para posibilitar su nacimiento:

Por un lado, la persecución religiosa de la que fueron objeto los protestantes franceses en el siglo XVI, que los obligó a huir de su país. El gremio de los relojeros pertenecía a ese credo, y aquellos que lograron salir con vida de lo que se conoció como la matanza de San Bartolomé, una sangrienta persecución religiosa que se inició en la madrugada del 24 de agosto de 1572 en París, tuvieron que cruzar la frontera y exiliarse en Ginebra, conocida por ese entonces como la Roma protestante desde que Juan Calvino decidiera instalar allí su residencia.

Por otro lado, la prohibición del arte de la joyería por parte del propio Calvino, por considerarlo una exacerbación de la ostentación y del lujo. Los orfebres suizos, obligados a abandonar su oficio, tuvieron que aprender el de los relojeros franceses recién llegados, a partir de lo cual se desarrolló toda la tradición relojera suiza que hoy es famosa en el mundo entero.

Lo interesante es que, en el camino de desarrollar sus habilidades, los relojeros posibilitaron también el desarrollo de los mecanismos de precisión que, con la llegada del movimiento ilustrado, empezaron a ser requeridos para el avance de la ciencia. En su afán de describir y mensurar el mundo, los protagonistas de la revolución científica que tuvo lugar en Europa en los siglos XVII y XVIII se vieron necesitados de construir aparatos de precisión con los que poder hacerlo, y ¿a quién se los iban a encargar sino a quienes se habían especializado en la construcción de unos mecanismos tan delicados como los de los relojes? Telescopios, barómetros, cronómetros y termómetros salieron así de las hábiles manos de los maestros relojeros para que pudiéramos parametrizar los distintos aspectos el mundo.

No fuimos conscientes de la honda marca que dichos mecanismos dejarían en la imagen de mundo que a partir de entonces empezamos a construir. Como diría Niels Bohr algunos años después, la perspectiva desde la que empezamos a observar el mundo pasó a formar parte indisociable de la forma en que empezamos a concebirlo. Los engranajes, poleas y péndulos de los mecanismos de observación del mundo se proyectaron sobre el objeto observado, haciendo que lo imaginemos como un gran mecanismo de relojería.

En el afán de perfeccionar y dar a conocer su arte, los maestros relojeros llegaron a construir complejos autómatas que imitaban al ser humano en algunas de sus tareas. En la localidad relojera de Neuchâtel, a escasos ciento veinte kilómetros de la ciudad de Ginebra, tuve ocasión de ver a tres de ellos en acción, en el museo de arte e historia de la ciudad.

Construidos alrededor de 1750, el dibujante, el músico y el escritor siguen asombrando por la perfección y elegancia de sus movimientos. Cada uno se compone de más de seis mil piezas mecánicas que al artesano relojero le tomaba entre dos y cuatro años ensamblar. El resultado es tan asombroso que, cuando los llevaron a recorrer las cortes de Europa, causaron entre el público una mezcla de fascinación y de espanto que les otorgó fama mundial. El dibujante, por ejemplo, no sólo lleva a cabo un retrato con una delicadeza asombrosa en sus trazos, sino que sus ojos siguen el movimiento de su mano mientras lo dibuja y su boca sopla de tanto en tanto para quitar los restos de carboncillo de la hoja. Al parecer, y según me contó el conservador del museo que tuvo la amabilidad de enseñármelos, se trataba de una estrategia de marketing que las firmas relojeras pusieron en práctica para darse a conocer entre el gran público. Si demostraban ser capaces de crear semejantes maravillas, daban sobradas muestras de la habilidad con que dominaban su arte. Cuando le pregunté si la iniciativa había dado resultado, el hombre me dijo que mucho más del esperado. Las firmas responsables de la construcción de estos ingenios mecánicos terminaron abriendo sucursales en Londres y exportando sus creaciones hasta a la China.

Pero más allá del impulso comercial que dieron a sus fabricantes, estos maravillosos autómatas causaron un poderoso efecto secundario entre quienes los observaban hipnotizados, que fue el de popularizar la creencia de que estábamos a punto de alcanzar el viejo sueño de crear vida artificial. Si conseguíamos hacer que uno de estos artefactos fuera capaz de comer, digerir y defecar, pensaron, habríamos conseguido crear vida.

Por esa misma época, el italiano Alessandro Volta había conseguido envasar por primera vez electricidad en una pila, lo que posibilitó la fantasía de algunos médicos y no médicos de revivir cadáveres utilizando energía eléctrica. Estos experimentos –denominados «galvanismo» en honor al apellido del médico que los popularizó– dieron lugar, entre otras cosas, al *Frankenstein* de Mary Shelley. El libro, por cierto, fue concebido y en gran parte escrito en la ciudad de Ginebra, en una temporada que Mary Shelley pasó allí junto al que luego sería su marido en una casa alquilada por Lord Byron a orillas del lago Leman. Una fantasía que, por caminos diferentes a los de los autómatas, también jugaba con la idea de la creación de vida artificial.

En este caso, sin embargo, el espíritu era menos celebrativo que el que envolvía el corazón de los hombres de ciencia que llevaban a cabo los experimentos resucitatorios. A principios del siglo XIX y con escasos dieciocho años, esta joven escritora ya había intuido las *monstruosas* consecuencias que podía tener esa desaforada fascinación por la ciencia y por la tecnología.

En medio del narcótico encantamiento provocado por la belleza del mecanismo, llegamos a entender nuestro propio cuerpo como un mecanismo más: si construíamos un mecanismo lo suficientemente sofisticado y lo alimentábamos con alguna clase de energía que lo hiciera moverse, habríamos conseguido crear vida.

Hoy sabemos que la vida es bastante más compleja y misteriosa que eso. Sin embargo, los avances en robótica y en inteligencia artificial nos están volviendo a hacer fantasear con el hecho de estar a punto de ser capaces de crear seres pensantes y sintientes, sólo porque las películas y las series de ciencia ficción así nos lo están haciendo creer.

Por razones profesionales he tenido ocasión de entrevistarme con expertos a nivel mundial en robótica e inteligencia artificial, y la respuesta es unánime: no sólo no estamos cerca de ser capaces de crear seres pensantes y sintientes, sino que ni siquiera conocemos el camino que algún día podría llevarnos a conseguirlo, entre otras cosas porque eso implicaría el hecho de dotar de conciencia a un mecanismo, y a día de hoy no tenemos ni la menor idea de lo que es la conciencia. Difícilmente podríamos, pues, estar en condiciones de reproducirla.

La belleza del mecanismo, sin embargo, nos ha vuelto a encandilar de tal modo que estamos volviendo a fantasear con la idea de que resulta posible. Y no sólo que resulta posible, sino que estamos a un paso de conseguirlo.

A partir de esta concepción mecanicista del mundo y de los elementos que lo componen, el cuerpo humano empezó a ser entendido como una simple maquinaria que inhala aire y bombea sangre movida por alguna clase de energía que podría asemejarse a la electricidad. Pero como, además de llevar a cabo estas funciones mecánicas, tenemos la capacidad de pensar y de tener ideas, decidimos que este mecanismo debía estar gobernado por alguna especie de ordenador que, a falta de un mejor lugar, ubicamos en nuestro cerebro, que es desde donde se dan las órdenes a las diferentes partes del mecanismo para que se muevan.

Ésa es la idea que tenemos hoy en día de nosotros mismos: un mecanismo de cuello para abajo gobernado por una suerte de ordenador que se aloja en nuestro cerebro. Una simplificación absolutamente descabellada, y con la que sin embargo comulga la mayoría de las personas al pensar en su propia naturaleza. Hasta ahí hemos llegado en nuestro afán de proyectar sobre el mundo –y sobre nosotros mismos– la lógica de los aparatos que utilizamos para explorarlo.

¿Y la conciencia? ¿Y esa misteriosa capacidad que tenemos los seres humanos de reconocernos como individuos que a la vez forman parte de una red que entrelaza la información y la energía? ¿Y los mundos imaginarios que creamos dormidos y despiertos? ¿Y nuestra certeza de finitud y nuestros temores y nuestros anhelos? ¿Y la capacidad que tenemos de preguntarnos acerca de todas estas cosas y de componer tragedias y sinfonías para intentar responderlas?

Todo eso fue reducido a un conjunto de operaciones físico-químicas que al parecer tienen lugar en nuestro cerebro, y que en ningún caso explican ninguna de estas cuestiones, pero que al menos se pueden medir y comprobar con artefactos y con experimentos porque tienen existencia física y material.

Ése es el principal requisito que nuestra actual concepción de mundo exige a cualquier elemento que aspire a ser considerado digno de atención: que tenga existencia física y material, de modo que podamos escrutarlo a través de los mecanismos físicos y materiales que hemos construido para tal fin. Y aquello cuya existencia no pueda ser demostrada a través de dichos mecanismos sencillamente no existe.

Si a alguien le queda alguna duda acerca del reduccionismo materialista al que hemos sometido las posibilidades del universo, sólo tiene que pensar en el nombre que hemos dado a la disciplina encargada de estudiarlo: la *física*.

El cuerpo humano empezó a ser entendido como un mecanismo y el universo también. Los planetas girando alrededor de sus órbitas empezaron a ser imaginados como un gran mecanismo de relojería que, a través de sus engranajes y de sus poleas, ponía en movimiento toda la mecánica celeste.

Incluso el tiempo, que los propios físicos han constatado que no transcurre igual en todas partes y en todos los momentos, empezó a ser entendido como el tiempo del reloj: un constructo matemático y regular que nos alejó de los ciclos de la vida.

Hay quien afirma, de hecho, que el gran catalizador de la revolución industrial no fue la máquina de vapor, como suele pensarse, sino la invención del reloj.

Los primeros relojes que se utilizaron en Europa fueron los que se instalaron en los monasterios cristianos como una manera de regular las horas canónicas, aquellas en las que los monjes debían llevar a cabo sus oraciones diarias. Pero a partir de que las campanas sonaban a las horas señaladas por esos períodos regulares, los habitantes de los poblados vecinos empezaron a organizar sus actividades alrededor de ese ordenamiento abstracto, abandonando la costumbre de levantarse con el sol y de recogerse con el atardecer, lo cual ocurre en momentos distintos según se trate del verano o del invierno. Sólo así, matematizando el tiempo y despegándolo de los ciclos naturales de la tierra, pudo prepararse el terreno para la instauración de una jornada laboral que empezaba y terminaba todos los días a la misma hora, lo cual posibilitó la organización del trabajo tal y como la conocemos.

Hasta ese punto la lógica del mecanismo fue proyectada sobre el mundo y sobre nuestras vidas.

Y es que el mecanismo posee una gran belleza. Cuando fuimos capaces de dominarlo y de crear algunos tan hermosos como los autómatas que hemos mencionado, sentimos algo muy parecido a lo que suponemos que sintió Dios al crearnos. Y en nuestro afán por comprobar si la lógica del mecanismo podía aplicarse a todos los aspectos del universo, llevamos a cabo experimentos que parecieron darnos la razón. Cuando lo pusimos a prueba, el universo nos confirmó que efectivamente cumplía con las reglas del mecanismo. Y concluimos que todas las cosas debían responder a esa lógica.

No fuimos conscientes de que los experimentos que llevábamos a cabo para ver si el universo funcionaba como un mecanismo eran mecanismos en sí mismos que, en su propia naturaleza, definían ya el lenguaje de la respuesta.

Lo que estábamos comprobando no era que el universo funcionaba como un mecanismo, sino que el mecanismo funcionaba como un mecanismo. Y trasladamos esa comprobación de superficie a la forma de lo que creímos ver más allá.

Y es que el universo contiene el mecanismo, pero el mecanismo no contiene el universo.

El universo es tan maravilloso e inabarcable que contiene todas las formas que podamos imaginar y otras muchas que jamás llegaremos a concebir. Y, como el espejo de Blancanieves, nos va a dar la razón sea cual sea el lenguaje en el que lo interroguemos.

Si preguntamos en números la respuesta será numérica. Y vamos a pensar, como hasta hace poco tiempo, que todo en el universo es número. Pero si preguntamos en sistemas oraculares que buscan significados en la forma de las estrellas, entonces la respuesta vendrá dada en sistema astrológicos. Y concluiremos que el secreto del universo está en la forma de las estrellas.

Porque el universo contiene el número y contiene sistemas estelares. Pero ni los números ni los sistemas estelares contienen el universo.

Lo que se está agotando, lo que ha llegado al límite de sus posibilidades, es la idea del universo entendido como un mecanismo.

Y ¿cómo podemos entender el universo si no es con forma de mecanismo?

No tenemos la menor idea. Y eso es lo que nos desconcierta. Y lo que nos hace aferrarnos a un modelo que está dando sobradas muestras de quedarse pequeño a la hora de describir la forma del universo sólo porque no sabemos cómo hacer para ir más allá.

Quizá ha llegado el momento de pasar de la idea de *mecanismo* a la idea de *organismo*. Pero ahí tendríamos que vérnoslas con esas dos grandes preguntas que nunca hemos sabido cómo responder y que siempre hemos preferido evitar, como son las que se interrogan por la *vida* y la *conciencia*. ¿Cómo es que puede nacer la vida a partir de una azarosa combinación de átomos inertes? ¿Y cómo ocurre luego que esa combinación de átomos inertes llega a decir «yo soy» y a ser consciente de su propia existencia?

No entraremos aquí en semejantes disquisiciones, las cuales nos alejarían demasiado de nuestro recorrido. Simplemente me gustaría apuntar una breve reflexión al respecto:

El modo en que normalmente nos explicamos la existencia de la vida y la conciencia tiene un carácter lineal que desplegamos en el tiempo de la siguiente manera: primero nació la materia –los átomos de helio e hidrógeno que surgieron de la explosión primera–, luego nació la vida, y sólo después nació la conciencia. En ese orden.

Pero ¿cómo puede ser que la vida nazca de algo muerto? ¿Cómo puede ser que de un conjunto de átomos inertes surja de pronto

y de forma espontánea la maravillosa complejidad de la vida? ¿Qué es lo que motivó
ese repentino nacimiento? ¿Y qué fue lo
que hizo que luego a esa vida le surgiera
una conciencia?

¿No tiene más sentido pensar que la vida
y la conciencia siempre estuvieron ahí, y que
lo único que necesitaban era una mínima
complejidad necesaria para manifestarse?
¿No tiene más sentido pensar que, en un
universo sin tiempo como el que hasta los
propios físicos están empezando a figurar,
todo siempre estuvo ahí, sólo que se fue re-
velando a medida que el envoltorio que lo
contenía fue evolucionando hasta alcanzar
la mínima complejidad necesaria que le
permitiera atestiguar su presencia?

Y si resultara cierto que la vida y la conciencia siempre estuvieron ahí, ¿qué parte o
qué aspecto de esa presencia universal y
eterna es la que, en la manifestación aparen-
temente individual que representamos los

seres humanos, se distancia de ella para registrarla y dar cuenta de su propia existencia? Y ¿qué nombre daríamos a esa presencia universal y eterna, cuyas manifestaciones pueden ser muchas, pero que por fuerza ha de responder a un único orden central que gobierna lo material y lo inmaterial, lo que podemos ver y lo que no, lo que llegamos medir y a registrar con nuestros mecanismos de precisión y aquello a lo que ningún mecanismo será capaz de acceder jamás?

Desde nuestra actual concepción de mundo la respuesta ha sido básicamente evitar esas preguntas. Nos hemos conformado con quedarnos en la superficie del mundo, en los síntomas materiales y medibles que se manifiestan en la superficie del mundo, en lugar de intentar asomarnos a las profundidades, que es donde, según el texto del físico alemán Werner Heisenberg que voy a leerles a continuación, habita la verdad.

Ése es justamente el título del texto que les anuncié que les leería al principio de esta exposición, «La verdad habita en las profundidades», y refleja una conversación mantenida por el propio Werner Heisenberg con su amigo Wolfgang Pauli, mientras ambos paseaban por el puerto de Copenhague luego de cenar en casa de Niels Bohr.

La charla expone las reflexiones que los dos premios Nobel de Física compartieron acerca de las pretensiones metodológicas del positivismo científico. Pensando en ello, y aludiendo a un diálogo que seguramente habían mantenido durante la cena en casa de Niels Bohr, Pauli pregunta a Heisenberg:

–¿Te dejó del todo satisfecho lo que dijo Niels de los positivistas? Tengo la impresión de que tú los criticas aún con más fuerza que el propio Niels o, más bien, que tu criterio acerca de la verdad difiere radicalmente del que ellos tienen.

–Consideraría completamente absurdo –y Niels, por su parte, estaría de acuerdo– el tener que cerrar mi mente a los problemas planteados y a las ideas expuestas por los filósofos antiguos, simplemente por el hecho de que no pueden expresarse en un lenguaje más preciso. Es verdad que frecuentemente me encuentro con grandes dificultades para captar lo que tales ideas querían decir realmente, pero cuando esto me sucede siempre intento traducirlas a una terminología moderna a ver si así me proporcionan alguna respuesta fresca. Pero no tengo objeciones de principio que me impidan reexaminar cuestiones antiguas, como tampoco siento objeción alguna contra el empleo del lenguaje de cualquiera de las antiguas religiones. Ya sabemos que las religiones hablan en imágenes y en parábolas, y que éstas nunca pueden corresponderse plenamente con los significados que tratan de expresar. Pero pienso que todas las viejas religiones, en un último análisis, intentan expresar unos mismos contenidos, unas mismas relaciones, y que tanto éstas como aquéllos, en su totalidad, giran en torno a cuestiones relativas a valores. Es posible que los positivistas tengan razón al pensar que hoy en día resulta difícil asignar un significado a tales parábolas. Sin embargo, no deberíamos escatimar ningún esfuerzo para tratar de captar su sentido, pues con toda evidencia se refieren a un aspecto crucial de la realidad; o tal vez deberíamos intentar verterlas en un lenguaje moderno, si ya el antiguo no se presta a transmitirnos su contenido.

—Estoy de acuerdo, pero los positivistas pueden acusarte de estar emitiendo solamente ruidos oscuros y sin sentido, mientras que ellos por su parte son modelos de claridad analítica. Pero ¿dónde debemos buscar la verdad, en la claridad o en la oscuridad? Niels ha citado antes la frase de Schiller: «La verdad habita en las profundidades». ¿Existen esas profundidades? ¿Se encuentra en ellas alguna verdad? ¿Ocultan tal vez esas profundidades el sentido de la vida y de la muerte?

La caminata continuó en silencio durante algunos minutos, espacio en el que Heisenberg tuvo tiempo para dedicarse a sus propias reflexiones:

La solución de los positivistas es muy simple: debemos dividir el mundo en dos partes, aquello que podemos decir de él con toda claridad, y el resto, con respecto a lo cual lo mejor que podemos hacer es no decir nada. Pero ¿puede acaso nadie concebir una filosofía más inútil, cuando vemos que lo que podemos afirmar con claridad es poco menos que nada? Si tuviésemos que dejar de lado todo lo que no está claro, muy probablemente nos veríamos reducidos a una serie de tautologías triviales desprovistas completamente de interés.

Entonces Pauli volvió a intervenir:

–¿Crees en un Dios personal? Ya sé lo difícil que es darle un significado claro a esta pregunta, pero seguramente puedes entender en general a qué me refiero.

¿Puedo formular tu pregunta de otra manera? Yo preferiría formularla así: ¿Podemos, o puede alguien, alcanzar la razón central de las cosas o de los sucesos, de cuya existencia no parece haber duda, de un modo tan directo como podemos alcanzar el alma de otro ser humano? Así planteada la pregunta, mi respuesta sería «sí». Y puesto que mi propia experiencia no importa demasiado, me gustaría recordarte el famoso texto de Pascal, aquel que llevaba cosido por dentro de la chaqueta: «El Dios de Abraham, el Dios de Isaac, el Dios de Jacob, y no el de los filósofos y los sabios».

–Con estas palabras, ¿piensas que podemos hacernos conscientes del orden central con la misma intensidad con que podemos captar el alma de otra persona?

–Posiblemente.

–¿Por qué has empleado la palabra «alma», en vez de hablar sencillamente de «otra persona»?

–Justamente porque la palabra «alma» se refiere al orden central, al núcleo interior de un ser cuyas manifestaciones externas pueden ser enormemente diversas y sobrepasar nuestra comprensión. Si la fuerza magnética que orienta en concreto a esta brújula –¿y cuál otra puede ser su fuente sino el orden central de cuanto existe?– llegara alguna vez a extinguirse, podrían sucederle a la humanidad cosas terribles, mucho más terribles que los campos de concentración o las bombas atómicas. Pero no estamos aquí para investigar esos oscuros arcanos; esperemos que el reino central ilumine de nuevo nuestro camino, tal vez de las formas más insospechadas. Por lo que respecta a la ciencia, sin embargo, Niels hace muy bien en suscribir las exigencias de una meticulosa atención al detalle y a la claridad semántica que plantean los pragmatistas y los positivistas. Lo único que podemos objetar al positivismo son sus tabúes, pues si hemos de dejar de hablar, e incluso de pensar, acerca de otro tipo de conexiones más amplias que también están ahí, corremos el riesgo de quedarnos sin brújula, y por tanto en peligro de perdernos para siempre.

El orden central de todo cuanto existe. Un orden que, si alguna vez llegara a extinguirse, provocaría catástrofes mucho mayores que los campos de concentración y las bombas atómicas.

Antes de terminar mi charla con el físico teórico con el que me entrevisté en el CERN, le pasé este mismo texto de Heisenberg para que lo leyera y me diera su opinión. El hombre lo estudió con atención, y al acabar me confesó que no eran temas que formaran parte de su ámbito de preocupaciones ni en los que él en particular, y a diferencia de lo que les ocurría a algunos de sus colegas, se estuviera deteniendo demasiado, pero que creía que eran cuestiones en las que definitivamente teníamos que empezar a pensar a la luz de los avances que se estaban produciendo en campos como el *big data* y la inteligencia artificial.

El riesgo es terminar confundiendo esos sistemas matemáticos con seres pensantes y sintientes. Y empezar a guiarnos por sus parámetros de superficie –completamente desconectados del orden central–, y terminar perdiéndonos para siempre.

Hay una definición de belleza que me resulta particularmente sugerente y que la explica como la armonía entre las partes y de las partes con el todo. La belleza del mecanismo nos conecta con la armonía que hay entre las partes. Debemos conectar con el todo, con ese orden central del que hablaba Heisenberg, para acceder a la verdad/belleza que habita en las profundidades.

Y eso ¿cómo se hace? ¿Dónde podemos hallar ese centro, esa verdad/belleza profunda que yace más allá de cualquier mecanismo con el que pretendamos reflejarla?

Déjenme que les cuente una última historia que creo que puede echar algo de luz sobre este asunto.

En mi viaje por los pueblos relojeros del macizo del Jura, a unos cien kilómetros al norte de la ciudad de Ginebra, hubo una noche en la que, al salir de cenar en una de las granjas relojeras, los establecimientos rurales en los que tuvo lugar la génesis de la industria relojera suiza, me tumbé a observar el cielo nocturno y me encontré reflexionando acerca de un tema sobre el que seguramente todos hemos reflexionado muchas veces:

Allí, recostado en el césped y mirando las estrellas –y probablemente influido por las conversaciones mantenidas en los días previos con los investigadores del CERN–, me puse a pensar en la distancia que las separaba de nosotros, una distancia tan desmesurada que la medimos en años luz, es decir, en los años que le toma a la luz que emiten llegar hasta nosotros.

En ese momento me encontraba mirando una de las estrellas que componen la constelación de Orión, y creí recordar que se encontraba a unos mil trescientos años luz de nosotros, es decir, que lo que estaba mirando era la luz que esa estrella había emitido hacía mil trescientos años. Lo que estaba mirando no era la forma que esa estrella tenía en ese momento, sino la que había tenido en tiempos de Mahoma. Lo que estaba mirando en realidad era el pasado.

Eso es algo que había pensado muchas veces, al igual que probablemente les ha ocurrido a muchos de ustedes. Lo que ocurrió esa noche, sin embargo, fue algo diferente.

Allí, tumbado sobre el césped de aquella montaña suiza y observando el inmaculado cielo nocturno, de pronto caí en la cuenta de que la estrella que estaba al lado de la que yo estaba observando se hallaba tal vez a dos mil años luz. Y la de más allá a cinco mil. Y la otra a siete mil y la otra a once mil. Y las estaba observando a todas en el mismo momento.

Entonces caí en la cuenta de que lo que estaba observando no era el pasado, sino el tiempo. Distintos momentos del tiempo desplegados en el espacio y siendo observados por mí en un mismo y único momento. Distintos instantes del pasado desplegados en el espacio-tiempo.

Y ¿cuál era el punto que definía ese instante a partir del cual algunas cosas eran más pasado que otras y desde el que se inauguraba la noción misma del tiempo?

El ojo que observaba.

Mi ojo, el ojo del que observaba, era el único lugar desde el que podían inaugurarse las nociones de espacio y de tiempo. Sin un ojo que observa no hay distancias ni momentos, no hay espacio ni hay tiempo. El ojo del que observa, comprendí de pronto en aquella lejana montaña suiza, es el único presente que jamás ha existido. Y se renueva y se actualiza en cada ocasión en que un ojo mira el cielo. Cada vez que eso ocurre –todas las veces que eso ocurre– se funda y se refunda otra vez el universo.

La alquimia, antecedente inmediato de la química y de la ciencia moderna, incluía el corazón del alquimista en la fórmula. Más allá de los ingredientes y de los procesos involucrados en la transmutación de la materia, la pureza del corazón del alquimista constituía un ingrediente fundamental en la receta. Es por eso que el alquimista llevaba a cabo un profundo trabajo de autopurificación, para estar así preparado para transformar en oro todo lo que tocaba. La alquimia sabía que el alquimista era parte esencial de la fórmula. La química quiso dejar al químico fuera de la ecuación.

El único centro posible desde el cual acceder al universo es a través del prisma de nuestra propia humanidad. Sólo en nuestra unicidad radica la posibilidad acceder a la totalidad. Debemos encontrar el modo de volver a incluir esa unicidad en el lenguaje que utilizamos para describir el mundo, porque de otro modo la explicación estará siempre incompleta. Y un lenguaje como el de la literatura tiene mucho para decir al respecto.

De todo el campo de probabilidades que el entorno representa, lo que hace el escritor es seleccionar algunos elementos, descartar otros, y colocar los elegidos de tal manera que otorguen sentido al conjunto. Y el único centro desde el cual ese sentido resulta posible es la humanidad de quien se sienta a narrarlos. Es esa existencia consciente que percibe el mundo y lo interroga la que hace colapsar la función de onda, la que provoca el recorte en la gran onda mecánico-cuántica que todo lo envuelve y lo atraviesa para generar un sentido unívoco. Sin esa humanidad no existe el espacio ni el tiempo. No existe ningún centro a partir del cual fundar un universo.

¿Y si la gran teoría de campo unificado que los físicos llevan años buscando no fuera una ecuación, sino la estructura de una historia? ¿Y si todo lo que había que hacer era encontrar el modo de volver a incluir a la conciencia en la fórmula?

Déjenme que les lea un texto al que recurrió el astrofísico inglés sir Arthur Eddington en un momento en que el rigor matemático le resultó insuficiente para intentar expresar las conclusiones absolutamente incomprobables a las que sus estudios sobre la naturaleza del espacio y el tiempo lo habían conducido:

Somos creadores de músicas
y fabricantes de sueños,
que vagamos por desnudos arrecifes
y nos sentamos junto a corrientes desoladas;
perdedores, y a la vez salvadores,
en este mundo sobre el que brilla la pálida luna.
Y, no obstante, según parece,
somos quienes movemos y conmovemos
a este mundo para siempre.

Cuando terminó mi entrevista con el físico teórico en el CERN, le agradecí profundamente por haberme recibido, pero no sólo por el tiempo que me había dedicado, sino por el modo en que se había detenido a pensar con verdadero esfuerzo y con verdadero compromiso –con verdadera cortesía, les diría– en las ocurrencias que yo había ido a transmitirle, muchas de las cuales estaban directamente enfrentadas con su sistema de creencias, y en las que sin embargo se esmeró en reflexionar para darme una respuesta que se adecuara lo mejor posible a lo que yo necesitaba saber. El agradecimiento es mutuo, me dijo él. Estamos en un momento tan fundacional, tan de tener que repensar todo de nuevo, que el hecho de que venga alguien como tú a mostrarme las cosas desde un lugar diferente a aquel desde el que yo las pienso resulta muy enriquecedor.

Si ese respeto, si esa cortesía, si esas ganas de entender al otro y de aprender del otro se aplicaran a todas las relaciones humanas, pensé, viviríamos en el paraíso.

Lo que conmueve del CERN no es el mecanismo. El mecanismo es una verdadera maravilla. Cada centímetro de cada maquinaria con la que uno se encuentra en el CERN fue creado expresamente para satisfacer una búsqueda que allí se generó. Ninguna pieza se puede comprar en la ferretería, cada una fue diseñada para el fin específico para el que fue concebida. Y en el camino de desarrollarlas, los científicos se encontraron con miles de problemas nuevos que tuvieron que ir solucionando uno a uno, lo cual hizo avanzar la tecnología y el conocimiento en direcciones que nadie hubiera podido imaginar.

Y sin embargo no es ésa la belleza que el sitio transmite.

Lo que de verdad conmueve es ver a ese grupo de personas venidas de todas partes del mundo, de diferentes países y de diferentes culturas, trabajando codo a codo con un entusiasmo y con una voluntad colaborativa pocas veces vistas, en una tarea absolutamente incierta y que no saben hacia dónde les conducirá, con el único objetivo de tratar de entender un poco más acerca del mundo que habitamos. Es esa búsqueda lo que emociona, no lo que puedan encontrar. El gran logro del CERN, el más hermoso, es la maravillosa aventura humana que ese mecanismo ha posibilitado.

El mecanismo tiene un límite. La aventura humana, no. La belleza está *en la búsqueda de la belleza*. En ese maravilloso instante en el que un ser humano, poseedor de una conciencia que lo excede, se sienta a mirar las estrellas y se pregunta por sí mismo y por su lugar dentro de todo aquello.

Las respuestas pueden ser miles, pero la belleza no está en ninguna de ellas. La belleza está en la pregunta y nosotros somos parte indisociable de la pregunta. No puede existir la pregunta sin la conciencia que la funda. Se trata de abrir la perspectiva para volver a incluirnos dentro de la fórmula, y de seguir abriendo el círculo hasta que quizá en algún momento podamos recuperar la perspectiva del universo. El universo desdoblándose para mirarse en su propio espejo. La conciencia que un día nació de las estrellas, volviendo a las estrellas para reconocerse.

Como dos seres humanos mirándose a los ojos y tratando de entenderse. Con todo el dolor, con todo el pavor, con toda la frustración que esa tarea comporta. Y sin embargo persistiendo en el intento.

La belleza no será nunca la belleza de que lo consigan. La belleza será siempre la belleza del intento.

Títulos publicados